✦ Le 69ᵉ RI de Trêves lors d'une parade avant-guerre.

1914

✦ LA MARNE : L'ARMÉE ALLEMANDE STOPPÉE AUX PORTES DE PARIS ...... p. 2

Fantassin prussien en Août 1914 .... p. 3

Revue de détails .... p. 4

... et équipement personnel .... p. 5

Un trophée très recherché : Le casque à pointe .... p. 6

1915

Les boucles de ceinturons .... p. 8

La guerre s'éternise .... p. 9

Le fantassin à Notre-Dame-de-Lorette .. p. 10

La pénurie et la fabrication ersatz ...... p. 11

L'armement individuel : les fusils ...... p. 12

Les armes de poing .... p. 13

1916

✦ MITRAILLEUR AUX ÉPARGES ...... p. 14

Verdun : la percée n'a pas lieu .... p. 15

Le Stahlhelm 16 remplace le casque à pointe .... p. 16

L'armement individuel : les grenades ...... p. 18

... et les poignards de combat .... p. 19

Pourvoyeur de MG 08/15 : le Mort-Homme .... p. 20

1917

✦ À L'OUEST TOUJOURS RIEN DE NOUVEAU ... . p. 21

L'armement collectif .... p. 22

Accessoires de MG .... p. 23

L'armement collectif : la MG 08/15 .... p. 24

Sous-officier chef de pièce MG . . p. 25

1918

✦ LES ALLEMANDS DE NOUVEAU AUX PORTES DE PARIS .... p. 26

Les Sturmtruppen .... p. 27

Fantassin de l'offensive Ludendorff ... p. 28

Une arme nouvelle : les chars de combat . . p. 29

L'artillerie de tranchée .... p. 30

Les décorations .... p. 31

Conclusion .... p. 32

Remerciements .... p. 33

LA MARNE : L'ARMÉE ALLEMANDE STOPPÉE AUX PORTES DE PARIS

L'Allemagne, peuplée en 1914 de 69 millions d'habitants, est une nation puissante où l'armée impériale joue un rôle de premier plan.

En effet, suite à la victoire de 1870 qui a, entre autres effets permis l'unification du pays, tous les efforts ont été consentis pour la rendre moderne et efficace. Contrairement à ses voisins européens, l'Allemagne ne possède pas un Empire colonial aussi important que la France ou la Grande-Bretagne.

La guerre de 1870 contre la France lui a certes permis d'annexer l'Alsace et une partie de la Lorraine mais, économiquement, elle est tributaire des importations de matières premières pour sa puissante industrie.

L'alliance avec l'Autriche-Hongrie et l'Italie en 1882 lui permet de mieux protéger ses frontières.
La réaction française ne se fait pas attendre et en 1894 est signée une alliance avec la Russie, alliance rejointe en 1904 par la Grande-Bretagne.

Ainsi, dès 1907, tous les protagonistes sont en place : d'un côté la Triple Entente (France, Grande-Bretagne et Russie) et de l'autre la Triple Alliance (Allemagne, Autriche-Hongrie et Italie).

Tout ce mécanisme entre en action le 28 juin 1914 avec l'assassinat à Sarajevo de l'archiduc François-Ferdinand, héritier du trône austro-hongrois.

Le 1er Août, l'Allemagne déclare la guerre à la Russie et le 3 Août à la France.

Le plan d'attaque allemand conçu par le général Von Schlieffen, chef de l'état-major, prévoit l'invasion de la Belgique afin de contourner par le nord l'Armée française et ainsi l'écraser par un mouvement tournant qui permet d'éviter les lignes fortifiées.

La rapidité de la manœuvre est essentielle afin de mettre en déroute les armées française et anglaise, ce qui permet de regrouper des troupes pour contrer la puissante Russie et éviter d'avoir à se battre sur deux fronts, distants de plusieurs milliers de kilomètres.

Mais si la guerre commence bien pour l'Allemagne avec de nombreuses victoires et des pertes très importantes du côté français, tout va se figer avec la première bataille de la Marne.

En effet, transportées par taxis, les troupes françaises stoppent l'avancée allemande le 6 septembre et sauvent ainsi la capitale.

Ce coup d'arrêt marque la fin de la guerre de mouvement et annonce la guerre de position, si justement redoutée par l'Allemagne qui doit alors se battre sur les deux fronts.
La fin de l'année 1914 voit un front figé de la mer du Nord jusqu'à la frontière suisse.

✦ La prise du fort de Manonviller le 28 août pilonné durant plusieurs jours par des obus de 420 mm a surpris l'état-major français qui ne possède aucune arme d'un tel calibre.

LE FANTASSIN PRUSSIEN EN AOÛT 1914

✦ *Le paquetage de marche et d'assaut constitué du havresac 1895 (Tornister 95) en toile sur lequel est fixé la gamelle 1910 (Kochgeschirr 10). Roulé autour, la toile de tente 1892 recouvre le manteau. Au bas du dos est accroché au ceinturon le sac à pain 1887 (Brotbeutel 87) sur lequel est attachée la gourde 1910 (Feldflasche 10).*
Le sac dont on aperçoit une partie sortant de la pattelette du havresac est la housse contenant les piquets et des éléments de mât pour la tente.

✦ *Les cartouchières 1890 se rencontrent encore en début du conflit, notamment dans les unités de réservistes (Landwehr).*

✦ *La cartouchière 1890 est bien visible sur cette unité se préparant au départ.*

✦ *Ce fantassin porte la tenue classique de l'entrée en guerre, à savoir : casque à pointe 1895 ici recouvert de son couvre-casque ; feldrock 07/10 ; pantalon 1910 ; ceinturon avec boucle laiton 1895 ; cartouchières 1909.*

REVUE DE DÉTAILS

À l'entrée en guerre, l'armée impériale mobilise 3,8 millions d'hommes, répartis dans 217 régiments d'active et 113 régiments de réserve jetés eux aussi dans la fournaise.

Le fantassin est équipé de la nouvelle tenue adoptée en 1910. De couleur verte, elle se fond nettement mieux dans le paysage que son homologue français. Le casque à pointe Mle 1895 (Pickelhaube 95) avec ses garnitures en laiton est orné d'une plaque à l'avant représentant les armes de chaque état.
Il ne s'agit que d'un élément d'apparat puisque, fabriqué en cuir, il n'apporte aucune protection contre l'artillerie.

L'arme principale reste le fusil Mauser Mle 1898 (Gewehr 98) de calibre 7,92 mm, une excellente arme qui reste en dotation durant tout le conflit sans grandes modifications.

Les cartouches sont transportées dans les cartouchières Mle 1909 (Patronentaschen 09), qui contiennent quatre lames chargeurs de cinq balles, soit 60 cartouches par cartouchière.

Le sac à pain Mle 1887 (Brotbeutel 87) sert à transporter tous les petits équipements de campagne.

La baïonnette Mle1898/05 (Seitengewehr 98/05) est portée grâce au porte-baïonnette Mle1898.
Enfin, pour se nourrir, le soldat dispose d'une gamelle Mle1910 (Kochgeschirr 10) ainsi que d'un bidon Mle 1893 (Feldflasche 93) en fer émaillé ou 1907 en aluminium.
Il porte sur le dos un sac Mle 1895 (Tornister 95) recouvert à l'extérieur d'une peau de vache.
L'outil individuel est la petite pelle Mle 1874 (Spaten 74) transportée dans son étui Mle 1887.
Contrairement au soldat français chaussé de brodequins, l'Allemand porte des bottes de cuir Mle 1866 (Marschstiefel 66).

NOTA : pour plus de commodités j'ai indiqué en français la désignation des pièces d'équipement et entre parenthèses le terme allemand, sachant que pour ses équipements l'armée allemande n'utilise que les deux derniers chiffres de l'année de mise en service et jamais le terme Mle (modèle).

✦ *Le havresac 1893 possède à l'origine une pattelette recouverte de peau de vache. Elle disparaît durant la guerre, remplacée par de la toile.*

✦ *Gamelle en fer émaillé et couverts pliants.*

✦ *Le brotbeutel 87 avec sa gourde 1910.*

...ET ÉQUIPEMENT PERSONNEL

Tout comme le fantassin français, le Landser transporte sur lui tout le nécessaire pour survivre au front. À côté d'équipements réglementaires, il apporte avec lui ses affaires personnelles afin d'améliorer ses conditions de vie.

La famille, bien sûr, lui est d'un grand secours : la Feldpost (poste aux armées) fonctionne bien et lui permet de recevoir tout au long du conflit des vivres ainsi que des accessoires fonctionnels pour la vie dans les tranchées. De même, la correspondance est d'une importance primordiale pour le moral de la troupe car elle reste le seul lien possible avec la famille, même si, contrairement à son homologue français, il n'y a pas de destructions matérielles sur le territoire allemand.

✦ *La plaque d'identité 1915 (Erkennungsmarke 15) est portée au cou et peut être protégée dans une pochette en cuir ; au-dessus des pattes d'épaules régimentées et à gauche un avis de décès.*

✦ *Un jeu de cartes sur le thème militaire pour passer le temps.*

✦ *Cette relique assez surprenante est en fait un peigne à moustaches (retrouvé dans une tranchée il y a quelques années) à une époque où les favoris étaient à la mode. Le cliché du dessous nous en donne une bonne illustration. Il va sans dire que moustaches et autres barbes vont être rapidement interdites puisque le port du masque à gaz impose une étanchéité parfaite .*

✦ *Le Militarpass, l'équivalent du livret militaire français sur lequel figurent toutes les informations concernant le soldat ainsi que ses campagnes. Celui-ci a appartenu au soldat Josef Ternes qui combat notamment dans la Somme et reçoit la Croix de fer de 2e classe en 1917. Le livret à droite est un manuel de conversation franco-allemand lui ayant aussi appartenu.*

✦ *Le tabac à l'époque constitue un réconfort appréciable. À noter dans l'étui un cigare offert par le Kaiser pour la fin d'année 1914-1915 aux troupes.*

UN TROPHÉE TRÈS RECHERCHÉ :

✦ *Pickelhaube 95 ou casque à pointe 1895 avec garnitures en laiton. La plaque est celle de la Prusse de même que la cocarde aux couleurs noire et blanche.*

✦ *Idem mais fabrication de guerre 1915 avec garnitures en acier. Depuis le 28 juin la pointe se démonte.*

✦ *Bavière 1895.*

✦ *Hesse 1915.*

✦ *Casque de la Garde 1915.*

✦ *Officier de la Garde 1895.*

E CASQUE À POINTE

✦ *Avec son couvre-casque 1892 en toile écrue.*

✦ *Toujours un prussien, fabriqué en feutre pour des raisons économiques.*

✦ *Saxe 1895.*

✦ *Bade 1895.*

✦ *Officier Prusse réserviste 1895.*

✦ *Württemberg 1915.*

LES BOUCLES DE CEINTURONS

1915

Pareillement au casque à pointe, le ceinturon Mle 1895 (Koppelschloss 95) est accompagné de sa boucle en laiton dont le motif central diffère selon les états. Celui-ci, en métal blanc, porte la devise de sa province d'origine. La plaque prussienne la plus connue porte comme devise « Gott mit uns » : « Dieu avec nous ». Pénurie oblige, le laiton va très rapidement laisser la place à l'acier.

✦ *Aussi symbolique que le casque à pointe, la plaque de ceinturon a inspiré les Poilus qui s'en servent pour fabriquer des blagues à tabac, des briquets mais aussi des symboles religieux.*

✦ *Blague à tabac.*

✦ *Plaque 1915 en fer.*

✦ *Idem peinte en vert.*

✦ *Bavière 1895 en laiton.*

✦ *Marine et troupes coloniales 1895.*

✦ *Prusse 1895 en cuivre.*

✦ *Bavière 1915 en acier.*

✦ *Hesse 1895.*

✦ *Württemberg 1915.*

✦ *Prussienne 1895 en laiton avec son macaron central en maillechort.*

✦ *Idem mais fantaisie achetée dans les foyers régimentaires avec une forte proportion de cuivre.*

✦ *Plaque blanche spécifique au LGR 115 (Leib Garde Regiment) hessois.*

✦ *Bavière 1847.*

✦ *Saxe 1895.*

✦ *La plaque ancien modèle de 1847, nettement plus grande.*

✦ *Officier prussien 1895.*

✦ *Télégraphiste 1915 Prusse plus longue et se terminant aux extrémités par 2 passants car destinée à servir de support à l'appareil de déroulement des fils.*

LA GUERRE S'ÉTERNISE

Cette première année de guerre voit donc un front figé. Les troupes se sont installées tant bien que mal dans les tranchées.

Mais le sujet le plus grave pour l'Allemagne demeure le blocus allié. En effet, les marines britannique et française bloquent le trafic maritime et empêchent tout ravitaillement.
Or, l'Allemagne est dépendante de ses importations tant au niveau des matières premières que de la nourriture, du fait de son faible empire colonial.

Cette conséquence va se ressentir sur le front : tout comme la France, l'armée impériale va devoir utiliser des substituts (les fameux Ersatz) afin d'équiper et nourrir ses soldats.
À cette période commencent à apparaître des équipements dont le cuir est remplacé par de la toile, voire de l'ortie…

De même, les vestes 07/10 sont au fur et à mesure remplacées par la nouvelle *Bluse* 1915 de fabrication simplifiée. Cela n'empêchera pas de les voir jusqu'à la fin du conflit. Même le symbolique casque à pointe fait l'objet de fabrications restreintes : le cuir est remplacé par du métal, voire du feutre.

Les stocks de guerre sont épuisés, et même si l'armée allemande est mieux équipée et armée que l'armée française, il faut faire feu de tout bois.

L'armement allié est réutilisé lorsque cela est possible, notamment à l'arrière.

En ce qui concerne les opérations militaires, l'année 1915 est celle des grandes offensives qui, tout en occasionnant des pertes effroyables, n'apportent aucune avancée sur le terrain.

Les combattants se découvrent, s'observent, et même si la fin de l'année 1914 a donné lieu à des trêves tacites ainsi qu'à des fraternisations, celles-ci n'ont pas été généralisées.

Les terribles combats du Hartmannswillerkopf dans les Vosges alsaciennes, ainsi que les combats de Bois-le-prêtre et Notre-Dame-de-Lorette, résonnent dans les mémoires comme des affrontements d'une violence inégalée jusqu'alors.
L'infanterie, « la reine des batailles », comme on avait coutume de l'appeler, est matraquée par l'artillerie, ce qui modifie fondamentalement les stratégies européennes.

L'événement le plus dramatique de cette année est l'utilisation à Ypres le 22 avril 1915 des gaz de combat. Utilisée pour percer le front, cette arme terrible va devenir le symbole du conflit.
Dorénavant le combattant devra compter sur ce nouveau fléau et s'équiper en conséquence.
Là encore, l'Allemagne a pris de l'avance sur les Alliés, qui ne s'attendaient pas à l'utilisation des gaz. Néanmoins, sur un plan strictement militaire, ils n'ont pas eu l'effet escompté, à savoir la destruction massive de soldats. En effet, ils sont responsables du côté français de la mort de 10 000 Poilus, et du côté allemand 9 000 Landser en ont été les victimes.

Par contre, au niveau psychologique, l'utilisation de cette arme a eu des effets certains : elle fait partie des symboles de cette guerre et a inspiré la terreur tout au long du conflit.

✦ *« L'empereur nous a appelés et nous sommes tous venus ». Le sous-officier au premier plan arbore fièrement sa croix de fer perçue en 1914. Tous portent des Feldrock 07/10 non encore modifiées mais les visages sont assez jeunes. Le patriotisme et la propagande font que de nombreux jeunes devancent l'appel et les recrues restent motivées. L'épreuve du front va être un choc pour la plupart qui ne s'attendent pas à de telles conditions. Beaucoup de Bleus disparaissent dès les premiers jours de combat. Ceux qui survivent après quelques semaines deviennent des Frontschweine (l'équivalent du terme Poilu).*

LE FANTASSIN À NOTRE-DAME-DE-LORETTE

1915

Revêtu de la Feldrock 07/10, notre soldat porte un casque à pointe ersatz avec ses garnitures en fer qui remplace le laiton, matière devenue importante pour la fabrication des douilles.

L'armement est le traditionnel fusil Mauser Gewehr 98 équipé de sa baïonnette. Au ceinturon, il porte le sac en toile contenant la boîte en tôle du masque à gaz (Gummimaske 15) Mle 1915 distribué aux troupes de première ligne après le 22 avril.

✦ Le numéro inscrit sur le couvercle du boîtier indique la taille du masque.

✦ Sacoche en toile du masque à gaz.

✦ Gummimaske 15 avec sa boîte de transport.

✦ Le 113e RI badois combat dans le secteur de Notre-Dame-de-Lorette et un soldat (X) en profite pour se faire photographier avec ses camarades dans un bâtiment en ruine, à l'arrière certainement. Les regards sont graves, le fusil n'est pas loin car tous savent que ce répit n'est que de courte durée. Dans une ou deux heures il faudra reprendre le chemin de la tranchée pour peut-être ne plus en sortir. Pour certains, c'est la cigarette du condamné.

LA PÉNURIE ET LA FABRICATION ERSATZ

Le blocus allié empêche toutes les importations dont l'Allemagne est tributaire. Au niveau des matières premières, les manques se font sentir pour le caoutchouc, le minerai de fer ainsi que les nitrates nécessaires à la fabrication d'explosifs.

Le rationnement est donc instauré, les vieux métaux sont recyclés, ce qui amène les troupes allemandes à réquisitionner et démonter entre autres les cloches des églises dans les pays occupés.

En ce qui concerne les équipements, en voici divers aperçus de fabrication simplifiée.

✦ *Exemple de deux casques à pointe : l'un avec une bombe en feutre et visière cuir, l'autre entièrement métallique fabriqué par Bing. Les aigles sont tous les deux en acier. À noter que même en acier ce casque ne protège nullement des éclats.*

✦ *Les cartouchières n'échappent pas à la règle. Celles-ci sont en feutre.*

✦ *Une gourde avec une housse en ortie.*

✦ *La pelle grand modèle avec son étui cuir avant guerre et son étui en ortie.*

✦ *On s'organise à l'arrière afin de conserver un peu d'humanité. La musique est là pour adoucir les mœurs. Notre contrebassiste s'est fabriqué son propre instrument avec les moyens du bord.*

L'ARMEMENT INDIVIDUEL : LES FUSILS

L'arme de base du fantassin est le fusil *Gewehr* 98, adopté en 1898 et développé par l'ingénieur Paul Mauser. De calibre 7,92 mm, alimenté par lame chargeur de cinq cartouches, il est d'une fabrication soignée et va subir tout le conflit sans notable amélioration ni être remplacé, car moins sensible à l'encrassement et à la boue que le Lebel… Néanmoins, son prédécesseur, le Mauser *Gewehr 88*, reste en dotation, notamment dans les unités de mitrailleurs.

Seules certaines unités comme la cavalerie ou l'artillerie utilisent une version raccourcie du Gewehr. Il s'agit de la *Karabiner* 98 (Kar 98) qui, en raison de son moindre encombrement, va être utilisée notamment par les troupes d'assaut (Stosstruppen).
À l'arrière, on récupère toutes les armes des arsenaux, dont de vieux fusils Chassepot français récupérés lors de la guerre de 1870 et utilisés entre autres pour la garde des prisonniers.

✦ *Un Gew 98 qui a subi l'épreuve du feu. Les éclats ont déchiqueté son bois et le canon a bien souffert aussi.*

✦ *Dans un arbre des balles sont restées figées…*

✦ *La baïonnette 98/05 (Seitengewehr 98/05) qui se fixe au bout du Gew 98. Longueur : 50 cm.*

✦ *La baïonnette 98/05 à dents de scie. Malgré une propagande intensive de la part des Français il ne s'agit pas à proprement parler d'une arme mais d'un outil distribué aux unités de pionnier et destiné avant tout à… scier. La légende court que les soldats faits prisonniers avec cette baïonnette étaient rudement malmenés voire exécutés du fait de l'effroi provoqué par cette arme. Bien vite celle-ci n'est plus emportée en première ligne.*

✦ *a. Le Gewehr 98, longueur : 1,25 m, poids : 4,15 kg. À noter sur cet exemplaire rapporté par un Poilu des « rustines » sur la crosse suite à de nombreux chocs…*
✦ *b. Le Gewehr 88, longueur : 1,24 m, poids : 4 kg.*

LES ARMES DE POING

En ce qui concerne les armes de poing, l'arme la plus mythique et aussi la plus recherchée par les soldats alliés reste incontestablement le pistolet Luger 08 (P08).
De calibre 9 mm alimenté par chargeur de huit coups, cette arme va acquérir ses lettres de noblesse dans les tranchées.

À côté du P08, on trouve le Mauser C96 ainsi que de nombreuses armes de poing de dotation personnelle acquises dans le civil ou bien récupérées chez l'adversaire.

Le combat dans les tranchées impose une proximité entre les adversaires et le fusil. Du fait de son encombrement, il se révèle bien handicapant, d'où la nécessité d'armes de poing nettement plus maniables.

✦ Pistole 08 *ou P08. Le premier Luger apparaît en 1900 en cal 7.65. Après de nombreux essais et développements, l'armée allemande adopte en août 1908 le pistolet Luger de cal 9 mm. En 1914 ces armes sont fabriquées par deux fabricants, un privé : DWM qui en produit 743 000 entre 1909 et 1918 et un arsenal national : Erfurt qui en produit 519 000 entre 1911 et 1918. À noter des P08 avec canon long fournis aux artilleurs et à la marine avec la possibilité tout comme le C96 de fixer une crosse en bois sur la poignée. L'exemplaire photographié a une histoire particulière. Récupéré par un Poilu dans les Vosges en 1915 il s'en sert jusqu'en 1918. Ramené chez lui comme trophée il reprend la route durant l'exode de 1940 et passe la guerre dans un poulailler caché dans un chiffon… Le petit outil est logé dans l'étui et sert comme tournevis entre autres pour le démontage.*

✦ *Le pistolet automatique Mauser C 96 chambré à l'origine pour la cartouche de cal 7.63. Afin d'uniformiser l'approvisionnement des munitions il est décidé courant 1916 de le rechambrer en 9 mm.*
Pour ne pas créer de confusion un 9 est gravé sur la crosse. L'alimentation se fait par une lame chargeur de 10 balles. La particularité de cette arme est son étui-crosse. En effet comme on le voit sur la photo du dessus une crosse peut être fixée à la poignée, ce qui permet un tir plus précis. Sur le harnais en cuir sont fixées la baguette de nettoyage et une pochette cousue en cuir contenant un ressort élévateur de rechange. 130 000 sont livrés en 4 ans.

✦ *Un lance-fusée Hebel avec sa boîte de fusées. De différentes couleurs elles servent à informer notamment les artilleurs à une époque ou les liaisons radio n'existent pas. Selon la couleur tirée, l'état-major peut localiser l'avancée de ses troupes et les artilleurs déterminer s'ils doivent allonger ou réduire leur tir.*

✦ *Sous-officier (reconnaissable à ses parements de col) du 171ᵉ RI en 1917 armé d'un P08 et surtout de son inséparable carnet sur lequel il note toutes ses observations mais aussi les punitions pour raisons diverses. Il est coiffé de la Mutze 15 entièrement verte ainsi que de Fernglas 08.*

✦ Pistole 07 *ou pistolet automatique Dreyse 1907 en cal 7.65 avec un chargeur de 7 coups. Un des nombreux pistolets fabriqués pour l'armée pour suppléer aux P08. Mécanisme assez complexe, il est néanmoins mis au point par L. Schmeisser qui sera connu plusieurs années plus tard en concevant la MP38/40.*

MITRAILLEUR AUX ÉPARGES

1916

✦ *Deux modèles de jumelles fernglas 08 et Fernglas 03 toutes deux en 6x30.*

✦ *Le calot (Mutze 10), porté à l'arrière car un soldat ne se déplace jamais tête nue. Sur le bandeau rouge figure une cocarde aux couleurs de l'État alors que sur la partie supérieure la cocarde est aux couleurs de l'Empire.*

✦ *En mars 1915 une bande amovible en toile grise vient camoufler le bandeau rouge.*

✦ *Mitrailleur de la Garde en 1915 reconnaissable à son casque ainsi que son Mantel 07 (capote 1907) portant les Litzens (pattes de col) spécifiques des unités de la garde. Sa patte d'épaule à gauche l'identifie grâce au A comme une unité de Grenadier de la Garde. Il s'agit d'une unité d'élite, celle de l'Empereur.*

VERDUN : LA PERCÉE N'A PAS LIEU

Depuis maintenant deux ans, l'Allemagne combat sur deux fronts distincts. Avec le jeu des alliances, l'Empire combat en effet en France, mais aussi sur le front russe, qu'il partage avec ses alliés austro-hongrois.

Autant en France le front est figé, ne bougeant quasiment pas malgré les attaques meurtrières de 1915, autant en Russie la situation est bien différente.

L'armée tsariste a été défaite et les troupes austro-allemandes se sont emparées d'un vaste territoire. Les victoires sont importantes mais ne débouchent pas sur une paix avec la Russie. Elles permettent néanmoins à l'armée allemande de rapatrier vers la France des troupes combattant à l'est. Le blocus allié se fait de plus en plus sentir, notamment sur le ravitaillement et l'économie. La position de l'Allemagne devient difficile.

Ainsi, en 1916, la menace russe étant amoindrie, le QG allemand décide de frapper un grand coup. La date choisie est le 21 février dans le secteur de Verdun.

Après un matraquage sans précédent de l'artillerie lourde, les défenses françaises sont pulvérisées et l'avance allemande semble inexorable. Douaumont est pris mais la progression est finalement stoppée pour un gain de terrain de 3 à 4 km et 81 000 pertes humaines.

Au nom de Verdun, vont s'ajouter les noms du Mort-Hommes, la cote 304, le fort de Vaux : tous ces endroits sont synonymes d'enfer pour les combattants. La bataille de Verdun se révèle être d'une violence inouïe, inégalée jusqu'alors. Abrutis par les bombardements incessants, les attaques stoppées net par le feu continu des mitrailleuses, les avalanches de crapouillots et autres grenades, les belligérants en ressortent meurtris dans leur chair et leur âme.
Quatre-vingt-dix ans après, le traumatisme est toujours présent : il suffit de voir le nombre de visiteurs parcourant aujourd'hui le site et découvrant avec surprise les tranchées encore visibles, les trous d'obus et les villages détruits.

Le deux septembre, l'attaque sur Verdun est stoppée et c'est au tour des Français de reprendre l'offensive. Fin décembre on peut considérer que la bataille est finie.

Parallèlement à Verdun, débute le premier juillet la bataille de la Somme. Cette fois-ci, ce sont les Britanniques qui en prennent l'initiative. La tactique est similaire : les lignes allemandes sont écrasées par un bombardement intensif.

Mais, comme à Verdun, la progression alliée est stoppée et le bilan au soir du 1er juillet est dramatique. Les allemands bien enterrés ont subi le bombardement et se sont ressaisis lors de l'attaque. Les pertes sont démesurées par rapport au gain de terrain infime.

Ainsi, cette année 1916 est marquée par les plus grandes et plus coûteuses batailles de la Première Guerre mondiale. Près de deux millions de soldats ont été mis hors de combat, tués, blessés, disparus ou prisonniers. Les troupes allemandes sont épuisées par ces combats dantesques, car le ravitaillement devient de plus en plus préoccupant pour le front comme pour l'arrière.

✦ Groupe de téléphonistes sur la Somme transportant leur matériel spécifique. Le 3e soldat à gauche a enveloppé son fusil dans un chiffon afin de le préserver de la boue. Il tient à la main un dérouleur de fil et au ceinturon la sacoche pour accessoires de téléphone. A noter que le 2e à gauche possède un K98 moins long que le G98 dont la culasse est aussi protégée par un chiffon. Les 2 autres à droite lourdement harnachés se préparent aussi à rejoindre leur tranchée.

LE STAHLHELM 16 REMPLACE

✦ *La Stirnpanzer fixé sur le casque grâce aux deux ergots fixés sur le côté. Une sangle de cuir permet le maintien.*

Si, l'année précédente, le changement notable du fantassin au niveau de l'uniforme était l'adoption de la blouse 1915, le véritable changement d'aspect en 1916 est l'adoption du casque d'acier, le fameux Stahlhelm.

En effet, depuis 1914, le soldat porte le casque à pointe qui n'apporte aucune protection contre les éclats. Les lésions à la tête sont bien souvent mortelles. Quelques tentatives ont bien été réalisées, en 1915, au groupe d'armée Gaede avec l'adoption d'une cervelière, mais sans suite. C'est la raison pour laquelle deux chirurgiens, les professeurs Bier et Schwerd, élaborent un casque qui tient compte des constats de blessures.

Avant le déclenchement de la bataille de Verdun, 30 000 casques sont distribués en première ligne.
La silhouette du fantassin allemand devient quasi-définitive.

Le nouveau casque protège bien mieux la tête des éclats que ses adversaires français ou anglais.

✦ *Tout l'intérêt de porter un casque en zone de combat est bien mis en évidence sur ce Stahlhelm qui a arrêté un éclat. Il aurait été mortel si le soldat avait porté un casque à pointe en cuir.*

✦ *L'intérieur est constitué de trois coussinets en tissu remplis de crin. À noter que certains soldats remplaçaient le crin par un pansement .*

LE CASQUE À POINTE

La forme bien étudiée protège efficacement le crâne et la visière laisse le champ de vision dégagé. Si bien étudié que le casque américain actuel a adopté sa physionomie, d'où son surnom de « Fritz » !

D'un poids de 1 kg, il est tout à fait supportable : Les deux entretoises sur chaque côté permettent de fixer une plaque de blindage additionnelle, « la Stirnpanzer », finalement vite abandonnée du fait de son poids. Seuls l'utilisent les tireurs d'élite ou les sentinelles, par définition à un poste fixe.

La silhouette est très nettement reconnaissable : c'est la raison pour laquelle dès l'hiver 1916 on se préoccupe de camoufler le Stahlhelm par des couvre-casques de couleur blanche puis par de la toile neutre style sac à terre.

Le camouflage réglementaire à la peinture est lui beaucoup plus tardif, puisqu'apparu seulement vers le milieu de l'année 1918, ce qui n'a sans doute pas empêché des initiatives personnelles et locales.

✦ *Modèle avec sa peinture d'usine originale.*

✦ *Variantes de camouflage sur des casques 1916.*

L'ARMEMENT INDIVIDUEL : LES GRENADES

1916

✦ *Grenade œuf 1917 ou Eihandgranate 17 avec allumeur à traction.*

✦ *Apparue en 1915, la grenade à manche évolue. En 1917 l'allumage se fait en dévissant un bouchon à la base du manche qui libère une cordelette terminée par une boule de porcelaine. Ne reste plus qu'à tirer dessus et l'explosion a lieu dans les 5 secondes. Ici une Stiehlhandgranate 17.*

1. *2.*

✦ *1. Kugelhandgranate 13 avec un bouchon allumeur à traction 1915.*

✦ *2. Kugelhandgranate 15 avec un bouchon allumeur à traction 1915. La différence principale vient de la ceinture de fragmentation au milieu de la grenade qui permet une plus grande dispersion des éclats.*

Très vite, les fantassins se sont retrouvés face à leurs adversaires. Le fusil dans les tranchées se révèle bien encombrant et, dans un premier temps, seuls les officiers possèdent un pistolet.

Les grenades entraînent une destruction efficace tout en se gardant à couvert. Elles se montrent dévastatrices, notamment dans les abris où la fragmentation et le souffle ne laissent aucune chance aux adversaires. Dès le début de la guerre, l'Allemagne est en avance par rapport à la France, grâce à des modèles à fragmentation qui en explosant dispersent de nombreux éclats destructeurs. Mais la plus connue reste la grenade à manche (Stiehlhandgranate), apparue en 1915. Cette grenade offensive pourvue d'un long manche en bois s'avère être d'une redoutable efficacité. Pratique à porter, son manche permet de l'envoyer assez loin pour éviter le souffle et les éclats.

✦ *Le soldat Josef Wilhelmy nous présente fièrement son équipement de combat. Le port des grenades à manche (ici des 1917) est facilité par le crochet fixé à l'arrière. En 1917, à 31 ans, mobilisé dès 1914 il porte toujours sa Feldrock 07/10 qui ne semble pas trop usée par l'usage en campagne. Ses bottes clinquantes nous font penser qu'il a été récemment muté dans une unité combattante pour compenser les pertes subies depuis 3 ans. À noter la bretelle du sac à pain servant à maintenir les cartouchières lorsque le havresac n'est pas porté. Il meurt des suites de ses blessures à l'hôpital de Metz le 23 mai 1917. Il repose actuellement dans le petit cimetière de sa ville natale Hambuch au nord de Trêves .*

... ET LES POIGNARDS DE COMBAT

Cependant, dans certains cas, le face-à-face est inévitable. Beaucoup de soldats se sont équipés de leurs propres couteaux de chasse civils, mais d'autres modèles réglementaires sont distribués.

Pour avancer, on utilise la grenade qui nettoie le terrain devant soi et assomme par le souffle ou tue ceux qui sont restés dans les abris clos.

Le pistolet, de par sa taille, est nettement plus utilisé que le fusil, de même que les poignards de combat plus maniables que les longues et lourdes baïonnettes. En effet, lors d'un contact, ces dernières utilisées sans le fusil risquent de rester bloquées dans le corps de l'adversaire (sic). Pour cet usage, le poignard se révèle l'arme la plus adaptée. Les couteaux sont distribués en masse dès 1915, même si de nombreux soldats avaient déjà pris la précaution d'apporter leurs propres armes, dont des dagues de chasse. Il en va aussi des baïonnettes retaillées .

Parfois même des armes que l'on croyait oubliées ressurgissent entre les mains des Landser comme des casse-têtes ou autres poings américains fabriqués artisanalement dans les tranchées ou bien achetés à l'arrière.

✦ *Couteau de chasse.*

✦ *Pour la petite histoire, ce couteau de la Première Guerre a pourtant été récupéré sur un soldat allemand blessé à Avranches en 1944. Son père lui avait-il donné cette arme ?*

✦ *Poignard de facture civile.*
✦ *Poignard ersatz tout acier.*
✦ *Poignard réglementaire à poignées bois.*
✦ *Couteau baïonnette ersatz Demag.*
✦ *Autre variante de poignard réglementaire.*

✦ *Casse-tête employé par le grand père alsacien d'un ami mobilisé dans l'armée allemande.*

✦ *Arme de prédilection des troupes d'assaut, le poignard n'est jamais éloigné du P08.*

1914 1915 1916 1917 1918

POURVOYEUR DE MG 08/15 : LE MORT-HOMME

1916

✦ *La cuirasse de tranchée articulée (Sappenpanzer), ici un 1er modèle de 1917, sans plaque pour la crosse sur le devant. D'un poids de 9 kg, elle n'est pas emportée pour l'assaut mais réservée pour des postes fixes comme les sentinelles. À noter qu'elle peut être associée à la Stirnpanzer* *(voir page 16)* *fixée sur le casque.*

✦ *Pourvoyeur en munitions de la MG 08 /15 habillé de la Bluse 15. Il a pris soin de cacher son n° de régiment figurant sur ses pattes d'épaules par un passant en toile. Le casque d'acier distribué depuis le début d'année est maintenant généralisé. Le masque à gaz (ici un Gummimaske 15) en toile caoutchoutée est en position d'attente sur la poitrine. En effet la menace est réelle, car les Alliés utilisent aussi cette arme. Il porte en sautoir la trousse d'entretien et de nettoyage de la MG 08/15, plus grande que celle de la MG 08 car contenant tous les outils et les pièces de rechange. En tant que pourvoyeur son arme est le fusil G 98, d'où la présence de la baïonnette 98/05 sur le côté. On voit bien la protection offerte par le nouveau casque qui couvre le bas de la tête tout en laissant une vision dégagée.*

✦ *Parallèlement à la MG 08/15 les mitrailleuses DREYSE entrent en service fin 1916 mais en nombre réduit. Il s'agit là aussi d'avoir une mitrailleuse nettement moins lourde et plus facilement transportable que les MG 08 .*

À L'OUEST TOUJOURS RIEN DE NOUVEAU ...

L'année commence pour l'Allemagne par un repli stratégique sur la ligne Siegfried (ou Hindenburg pour les Alliés), qui à cause du manque d'effectifs, est une ligne fortifiée. En effet, les batailles de Verdun et de la Somme, du fait des pertes énormes qu'elles ont engendrées, ont mis à mal l'armée allemande qui se bat sur deux fronts principaux.
Les nouvelles classes levées sont de plus en plus jeunes et elles permettent à peine de compenser les pertes.

C'est dans ce contexte que le 16 avril débute une nouvelle attaque, cette fois sur le Chemin des Dames. Une fois de plus, elle se transforme en une boucherie : faute d'une bonne préparation d'artillerie, les soldats français se font hacher par les Allemands qui, bien retranchés dans leurs abris bétonnés, ont pu subir les bombardements sans pertes excessives. Cette date marque l'apparition au combat des premiers chars français.

C'en est trop pour les troupes françaises, qui se mutinent en certains endroits, refusant de monter au feu. Les belligérants sont à bout.
Du côté allemand, la situation semble s'améliorer. En effet, suite aux défaites subies en 1916, le front russe vacille, ce qui entraîne de graves troubles sociaux. Le tsar abdique le 15 mars.

Une dernière offensive russe, malgré quelques victoires au départ, se transforme en bérézina.
Les 6 et 7 Novembre éclate la Révolution d'Octobre qui voit l'arrivée de Lénine au pouvoir : la Russie soviétique est née. Le traité de Paix est signé le 7 décembre.

✦ *Notre jeune homme après un an de combat est devenu véritablement un Frontschweine (ce terme est l'équivalent de Poilu et se traduit littéralement par cochons du front). Il n'a plus besoin de sa mère pour la photo dans le jardin familial. Le visage s'est affirmé et il nous présente fièrement son insigne de tireur d'élite de MG et son étui pour le P08. La feldrock 07/10 usée par les combats a laissé la place à une Bluse 15 et les brodequins ont remplacé les bottes de marche. Le cigare tenu dans la main donne la dernière note guerrière à notre soldat.*

✦ *1916 : les pertes subies font que l'Allemagne mobilise des troupes encore plus jeunes quand ces derniers ne devancent pas l'appel par patriotisme. Cette photo nous présente un jeune homme tout juste enrégimenté posant auprès de sa mère. Celle-ci, fière, mais le visage inquiet, ne connaît sans doute pas les conditions réelles du front. La propagande, efficace, parle de ces soldats comme des héros et minimise les pertes.*

Le deuxième front est donc fini : cela permet le rapatriement vers la France des troupes occupées à l'est.

Il était temps, car les États-Unis, excédés par les torpillages de ses navires dont le plus connu reste le Lusitania, sont entrés en guerre le 6 avril 1917. Dans un premier temps, cette armée n'est pas une menace pour l'Allemagne : mal équipée, sans expérience de la guerre de tranchée, il lui faut en outre du temps pour atteindre les côtes de France. La menace des U-Boot est bien présente et ralentit les convois.

Enfin, à l'automne, ce sont encore de nouvelles victoires austro-allemandes contre les Italiens. La situation est catastrophique et le désastre total est évité de peu.

Mais ces victoires ne doivent pas nous faire oublier que l'Allemagne subit toujours le blocus allié qui empêche tout ravitaillement. La nourriture est rationnée, on mobilise des soldats de plus en plus jeunes. Tout ceci mine le moral de la nation allemande et de nombreux troubles sociaux éclatent, vite réprimés par l'armée.

L'ARMEMENT COLLECTIF

✦ *Une unité de mitrailleurs pose devant l'objectif. Les sangles en sautoir sur les pourvoyeurs servent au transport de la MG. Les boucliers sont bien visibles devant les pièces mais sont finalement peu utilisés au combat car les MG sont souvent employées dans des abris bétonnés ou renforcés dans les tranchées. Cette carte postée en avril 18 nous prouve la présence encore à cette période des Feldrock 07/10 conjointement aux Bluse 15. Seuls les sous-officiers arborent des rubans de Croix de fer de 2ᵉ classe.*

Depuis 1908, l'Allemagne a adopté la mitrailleuse Maxim Mle 1908 (Maschinen Gewehr 08). C'est une arme automatique utilisant la force du recul. D'un calibre de 7,92 mm, elle est alimentée par bandes souples de 250 cartouches. Son refroidissement est assuré par un manchon en acier contenant quatre litres d'eau qui lui permet d'avoir une cadence de tir de 500 coups par minute et le tir d'environ 2 500 cartouches.

À l'entrée en guerre, il y a une compagnie de mitrailleurs par régiment. Utilisée de manière rationnelle, leur redoutable efficacité est à l'origine des nombreuses pertes de l'été 1914.

Son emploi ne va pas se démentir et en 1916 on arrive à trois compagnies par régiment. Afin de s'adapter aux tranchées, de nombreux affûts artisanaux sont fabriqués par les combattants eux-mêmes et les armes prises à l'ennemi sont réutilisées.

C'est aussi durant l'année 1915 que l'on crée des unités d'élite de mitrailleurs (MG Scharfsschutzen Truppen). Ces soldats se reconnaissent grâce à leur insigne de manche symbolisant une MG sur affût (photo ci-dessous). Fiers de leur appartenance à ces unités, ces soldats n'hésitent pas à peindre cet insigne sur leurs casques.

Si, en 1914, l'Allemagne aligne environ 5 000 MG, le nombre total à la fin du conflit est de 32 000 pièces, ce qui démontre l'importance stratégique de cette arme.

ACCESSOIRES DE MG

✦ *Complète avec son affût en peinture d'origine : la MG 08. Le tuyau sert au refroidissement du canon. Au sol les caisses d'alimentation en munitions contenant 500 cartouches (Patronenkasten für MG).*

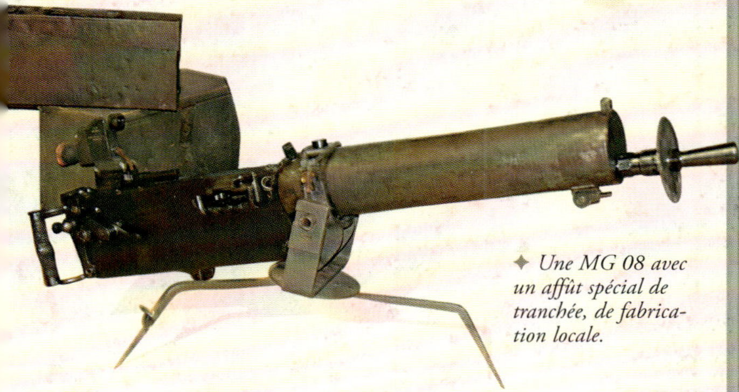

✦ *Une MG 08 avec un affût spécial de tranchée, de fabrication locale.*

✦ *Un autre exemple d'affût artisanal permettant de poser la MG sur le parapet de la tranchée.*

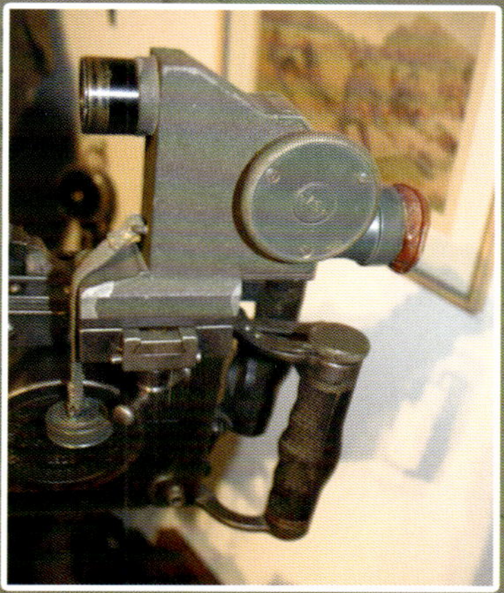

✦ *L'optique (Zielfernrohr ZF 12) fabrication Emil Busch fixé sur le côté gauche.*

✦ *Cet outil permet de garnir les bandes toile en balles.*

1917

L'ARMEMENT COLLECTIF : LA MG 08/15

✦ *La trousse d'entretien (ici en toile fabrication de guerre ersatz auparavant en cuir) portée au ceinturon.*

En 1915, du fait de l'enlisement du conflit, l'armée adopte une nouvelle mitrailleuse plus légère : la MG 08/15. En effet, la MG 08, avec son affût traîneau, pèse près de 55 kg et se révèle beaucoup trop encombrante pour exploiter une avancée en terrain adverse.

La MG 08/15 est équipée d'un bipied, ne pèse que 18 kg, ce qui permet de l'emporter dans les tranchées adverses conquises et d'assurer au groupe un appui feu non négligeable. Son alimentation est effectuée par un chargeur de 100 coups. Fabriquée à environ 127 000 exemplaires, elle est omniprésente sur tous les fronts.

✦ *La même, ouverte, laisse voir son contenu avec des outils et une culasse de rechange.*

✦ *Caisse en bois contenant des accessoires et autres pièces de rechange.*

✦ *2 chargeurs tambour contenant 100 balles chacun posés sur une caisse de transport.*

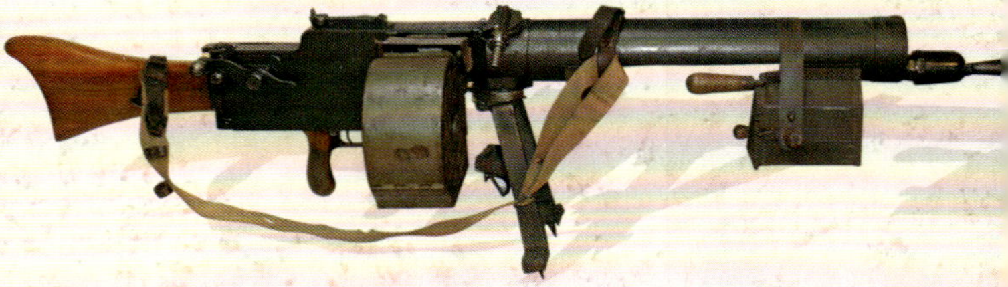

✦ *La MG 08/15 armée avec son chargeur tambour. Le boîtier que l'on aperçoit à l'avant est une chaufferette qui contient de la braise évitant à l'eau contenue dans le refroidisseur de geler en hiver. À terme, l'armée utilise de la glycérine au lieu de l'eau en période froide.*

✦ *Soldats à l'instruction avec la MG 08/15 ; on voit bien le rôle du pourvoyeur qui en supportant la bande limite les risques d'enrayement de la mitrailleuse.*

SOUS-OFFICIER CHEF DE PIÈCE MG

✦ *Casquette d'officier 1910.*

✦ *Le masque à gaz Lederschutzmaske 17 présenté ici avec sa boîte de transport en tôle, la feuille d'instruction à l'intérieur et la sacoche en toile contenant une cartouche supplémentaire et portée au ceinturon. Dorénavant, il n'est plus transporté dans la sacoche en toile.*

✦ *Patronenkasten 10 ou caisse à munitions MG pour 2 bandes de 250 cartouches. Les inscriptions sur la caisse nous donnent le régiment (Res JR 103 = 103ᵉ RI de réserve saxon). Ces caisses sont transportées dans les chariots pour l'approvisionnement en balles de la MG (MW désigne Munitionwagen).*

✦ *Le télémètre (Entfernungsmesser 14) permet de déterminer la distance vis-à-vis de l'objectif et d'affiner les réglages de l'affût.*

✦ *La fierté d'appartenir à une unité d'élite fait que les casques reçoivent eux aussi l'insigne de tireur MG .*

✦ *Notre sous-officier (galonnage au col) fait partie d'un groupe MG du 64ᵉ RI rattaché à la 6ᵉ DI qui combat durant l'année 1917 sur le Chemin des Dames. Chef de la pièce, c'est lui qui ordonne d'ouvrir le feu, donne les ordres pour les réglages de l'affût et désigne les objectifs. À cet effet, il reçoit des jumelles (Fernglas), ici dans un étui cuir porté au ceinturon, et un P 08 pour la défense rapprochée ainsi qu'un poignard pourvu d'une dragonne. La bretelle du sac à pain maintient le tout en l'absence du havresac. La lampe individuelle est portée comme bien souvent sur la Bluse.*
Sa casquette a reçu une bande de tissu qui recouvre la couleur rouge du bandeau à des fins de camouflage.

LES ALLEMANDS DE NOUVEAU AUX PORTES DE PARIS

1918

L'année 1918 débute sous de bons augures pour l'Allemagne. Certes, le front est toujours figé, les dernières offensives alliées n'ayant pas réussi à le percer, mais tous les belligérants sont épuisés par cette guerre d'usure qui a déjà causé la mort de plus de 1 100 000 soldats.

Néanmoins, l'accord de paix signé avec la Russie à Brest-Litovsk le 18 mars permet de rapatrier sur le front occidental de nombreux hommes, ce qui porte le nombre de divisions allemandes à 172, comparées aux 174 divisions alliées.

Le 21 mars marque le renouveau de la guerre de mouvement, avec l'offensive Ludendorff. Les Britanniques battent en retraite et une brèche se forme entre les alliés. Mais le général Foch, en prenant le commandement unique des armées alliées, évite le désastre et permet de stopper l'offensive le 5 avril.

Dès le 27 mai débute sur le Chemin des Dames une nouvelle offensive allemande. La Marne est franchie à Château-Thierry le 30 mai. Cependant, là encore, grâce aux divisions américaines, les forces allemandes sont contenues dès le 5 juin, bien qu'elles ne soient qu'à moins de 65 kilomètres de la capitale.

Le 15 juillet est aussi marqué par une nouvelle offensive allemande (Friedensturm), contrecarrée par les Alliés qui, par de nombreux interrogatoires de prisonniers, ont eu vent de cette attaque. Une contre-offensive, lancée dès le 18 juillet, balaie l'avancée allemande. C'est la seconde victoire de la Marne.

Puis, le 8 août, est lancée en Picardie une offensive alliée. Cette journée devient jour de deuil pour l'armée allemande.

Blindés et aviation sont de plus en plus utilisés dans les attaques alliées. Les Allemands en tirent des leçons qui leur seront bien utiles 21 ans plus tard…

À partir de ce moment, les puissances centrales savent qu'elles ont perdu la guerre. L'Autriche-Hongrie et l'Empire Ottoman se désagrègent sous le coup des victoires militaires alliées.

Mais, en France, les combats font toujours rage, notamment dans l'Aisne et les Ardennes.

La situation est devenue pénible pour l'Allemagne : le pays et ses soldats ont de plus en plus faim. Le blocus allié a pour conséquence une disette terrible à l'arrière et au front. Suite à la Révolution russe, des révoltes sociales et révolutionnaires apparaissent et minent le pouvoir central. Les soldats sous-alimentés, épuisés et donc sensibles aux maladies (la grippe espagnole commence ses ravages), résistent pourtant vaillamment. Néanmoins, dès le 7 novembre commencent les premiers pourparlers de paix, qui se soldent par la signature de l'armistice le 11 novembre en forêt de Rethondes.

Outre le terrible bilan humain (1 950 000 victimes), le traité de Versailles va imposer ses conditions draconiennes à l'Allemagne vaincue, notamment au niveau géographique (perte de l'Alsace-Lorraine et des colonies), mais aussi économiques avec des montants de dommages et intérêts totalement irréalistes.

Contrairement à la France, le pays n'a pas eu à souffrir des destructions ; mais les conditions du Diktat de Versailles vont exacerber le nationalisme allemand, et les conséquences amèneront au pouvoir, en 1933, un ancien caporal de l'armée impériale : A. Hitler.

✦ *Ce groupe a inscrit sur un obus non explosé « Je n'ai pas voulu la guerre ». Les visages sont graves, las des quatre années de combat.*

LES STURMTRUPPEN

Dès 1915, la guerre de position impose de nouvelles règles de combat : on voit apparaître, dans certaines unités, des groupes de soldats trompe-la-mort qui, la nuit, font des coups de main rapides afin de capturer des sentinelles ou encore de détruire des postes de guet ou de mitrailleuses stratégiques. Ces soldats se forment eux-mêmes à de nouvelles techniques de combat et partent à l'assaut avec un équipement léger, comprenant entre autres des armes légères comme des grenades ou des pistolets.

Ces unités sont les ancêtres des Sturm, bataillons créés fin 1916 sous l'impulsion du capitaine Rohr, premier à avoir organisé et engendré de nouvelles techniques de combat. Les résultats de ces nouvelles techniques ont été entre autres la prise de l'Hartmannswillerkopf fin 1915, où les premières Sturm-Abteilung ont démontré leur savoir-faire.

En 1918, l'armée allemande aligne ainsi, lors de l'offensive Ludendorff, 56 Sturm-Division qui vont mettre à mal les défenses anglo-françaises et créer la surprise en perçant les lignes.
Mais, les troupes exténuées ayant subi de lourdes pertes, l'offensive stoppe le 4 juin.

Ensuite, employées sur différents secteurs du front comme pompiers, elles ne peuvent empêcher la défaite de l'armée allemande.
En matière d'équipement et de recrutement, ces soldats sont généralement sportifs : leur entraînement très poussé les amène à utiliser toutes les armes, de la grenade aux lance-flammes.

Le fusil de base est le Kar.98 A, arme moins longue et plus maniable que le Gew98. Le P08 est lui aussi en dotation ainsi que les grenades à manche offensives contenues dans de grands sacs fabriqués localement. Les grenades défensives sont, elles, du fait de leur taille, contenues dans les poches de la Bluse. Le port de la cisaille est, bien sûr, indispensable pour couper les barbelés, de même que la grande pelle de parc, qui permet de réaménager les positions ennemies capturées.

Les pantalons sont modifiés, à grands renforts de cuir aux genoux, de brodequins et de bandes molletières plus souples à utiliser que les bottes.
La coopération avec l'artillerie est également indispensable car elle permet de réduire les nids de résistance et de progresser rapidement.

✦ *Des troupes d'assaut à l'entraînement. Il s'agit d'un groupe de soldats aguerris (plusieurs portent le ruban de la Croix de fer). Les visages sont déterminés. La perspective de la défaite ne semble pas les atteindre. Là encore, le panachage de vestes de paix et de guerre est bien visible.*

FANTASSIN DE L'OFFENSIVE LUDENDORFF

1918

✦ *Vision classique d'un pourvoyeur de MG. Il porte en bandoulière les sangles de transport ainsi que la trousse d'entretien de la MG (pour le contenu voir page 24). La Bluse 15 et le casque camouflé nous donnent la vision du combattant allemand dans la dernière année de la guerre.*

✦ *MG 08 avec un affût de tranchée artisanal fabrication de front.*

✦ *Deux modèles différents de trousse à outils pour armurier MG permettant le démontage intégral et la réparation en zone de combat.*

✦ *Le A7V (Sturmpanzerwagen) ne sera pas le char de la victoire pour les Allemands. Cet exemplaire renversé (c'est la tourelle du char que l'on voit) a été capturé par les Français. Il s'agit sans doute du 527 « LOTTI » du lieutenant Bergemann qui en participant à l'attaque du 1er juin près de Reims s'enlisa dans une tranchée puis bascula et fut touché plus tard par l'artillerie. Abandonné par son équipage il finit ferraillé en 1922.*

UNE ARME NOUVELLE : LES CHARS DE COMBAT

La première utilisation par les Anglais du char de combat, en septembre 1916 dans la Somme, n'apporte rien de décisif sur le terrain : victimes de nombreux ennuis mécaniques, ils ne peuvent effectuer de véritable percée.

Par contre, du côté allemand, c'est la stupeur et l'effroi : dans un premier temps, rien n'est disponible pour contrer ces monstres d'acier bardés de mitrailleuses et de canons. L'effet est surtout dévastateur sur le moral des soldats, par la crainte qu'inspire cette nouvelle arme que rien ne semble pouvoir arrêter.

Mais, très vite, l'armée allemande se ressaisit et l'artillerie, une fois de plus, stoppe les attaques des blindés.

Ainsi, le premier assaut des chars français, en 1917 à Berry au Bac, lors de la bataille du Chemin des Dames, se solde par un échec. Pannes mécaniques s'enchaînent et blindés détruits par l'artillerie jonchent le terrain.

L'année 1918 voit l'emploi des chars lors des grandes offensives. Les chars Renault FT 17, sont utilisés en nombre, notamment lors de la bataille de Saint Mihiel en septembre : les Américains en alignent 267 à côté des Saint Chamond et Schneider devenus obsolètes.

L'armée allemande, elle, a pris un grand retard dans ce domaine. Seuls une vingtaine de chars A7V sont produits et utilisés à côté de chars de prise.
Les enseignements que les Allemands en tireront seront appliqués lors de la Blitzkrieg, au début de la Seconde Guerre mondiale.

La seule arme antichar dévouée aux fantassins est le Tankgewehr, à mi-chemin entre le canon et le fusil, d'un calibre de 13 mm. 13 500 exemplaires sont fabriqués et distribués à partir du mois de mai 1918.

✦ *Ces trois clichés représentent des chars anglais Mark IV, les véhicules les plus utilisés par l'armée britannique. Détruits ou juste endommagés par l'artillerie lors de la bataille de Cambrai, de nombreux reprennent du service sous les couleurs allemandes après réparations.*

1918

L'ARTILLERIE DE TRANCHÉE

La guerre de position remet en question l'utilisation des canons classiques, dont le tir tendu n'est pas possible en première ligne sans protection appropriée.

L'armée allemande utilise dès 1914 trois types de mortiers différents (Minenwerfer), de calibre 25, 21 et 17 cm, développés suite au rôle déterminant de ces pièces durant la guerre russo-japonaise, en 1904-1905, dans le siège et la prise de la forteresse de Port-Arthur.

Ces armes à tir courbe sont particulièrement efficaces dans les tranchées où, apportées au plus près de l'ennemi, elles causent de terribles dégâts, du fait de la charge explosive élevée contenue dans l'obus (projectile de 120 kg dont 30 kg d'explosif portée 300 m).

Les Anglo-français sont totalement démunis : ils ne possèdent pas ce type d'arme, et ressortent d'abord des arsenaux les mortiers de siège vieux de cinquante ans ou confectionnent des bricolages divers, comme des arbalètes.

L'armée allemande, par contre, dispose de compagnies du génie spécialement formées à l'utilisation des Minenwerfer, et leur nombre s'accroît durant le conflit.

À côté de ces mortiers de fort calibre existent aussi de nombreux lanceurs de grenades (Granatwerfer), beaucoup plus maniables et plus facilement transportables.

✦ *Afin de souligner son appartenance à une unité de Minenwerfer ce soldat a dessiné sur la nuquière de son casque un mortier lançant un projectile.*

✦ *Sur le front de Champagne, avril 1917.*

LES DÉCORATIONS

Tout comme les autres belligérants, l'Allemagne, pour récompenser ses soldats les plus méritants, dispose de plusieurs décorations dont la plus connue reste la Croix de fer (Eisernes Kreuz).

Créée par Frédéric-Guillaume III de Prusse en 1813 lors des guerres napoléoniennes, elle est rétablie le 5 août 1914 par Guillaume II.

Il en existe deux catégories distinctes : la seconde classe n'est pas portée au combat. Seul le ruban noir et blanc est arboré sur la veste au niveau de la boutonnière. Attribuée sans distinction de grade ou de catégorie sociale, elle est très populaire chez les combattants, tout comme la Croix de guerre en France. Environ 5 millions sont distribuées durant le conflit.

La première classe est portée au combat car elle dispose d'une agrafe permettant de la fixer sur la poitrine, du côté gauche. Seulement 218 000 sont décernées, essentiellement à des officiers.
Beaucoup plus prestigieuse et réservée à de rares exceptions près à des officiers supérieurs, la Croix pour le Mérite est une décoration instaurée par Frédéric II de Prusse en 1740 et demeure la plus haute distinction allemande durant le conflit.

Enfin, l'insigne des blessés, créé le 3 mars 1918, est décerné aux soldats ayant eu des blessures au combat. De couleur noire pour une blessure et argent pour trois ou quatre blessures.

Après la guerre, de nombreuses médailles commémoratives voient le jour pour honorer les combattants. La plus distribuée est la Ehrenkreuz ou Croix de Hindenburg.

✦ Un soldat du 119e RI arborant le ruban de sa 2e classe.

✦ Une Croix de fer 1re classe avec un disque pour la fixer sur la veste.

✦ La Croix de fer de 1re classe.

1918

✦ Une barrette typiquement après guerre, constituée d'une croix de fer 2e classe avec ruban et la Ehrenkreuz commémorative de 1914-1918 portée par les anciens combattants. Elle a appartenu au Gefreiter Ternes dont le Militarpass est présenté page 5.

✦ L'insigne des blessés, de couleur noire (Verwundetenabzeichnen).

✦ Le graphisme de la Croix de fer, symbole patriotique par excellence, se retrouve sur de nombreux objets tels cette boîte métallique, mais aussi comme insigne de nationalité sur les avions et les chars.

CONCLUSION

Le conflit, outre les destructions matérielles intenses, a provoqué la mort d'environ 1 950 000 soldats.

Si beaucoup ont pu être enterrés, de nombreux corps sont portés disparus, à jamais pulvérisés par la violence intense de ce conflit.

À l'heure actuelle, les cimetières militaires allemands sont gérés et entretenus par le Deutsche Kriegsgräberfürsorge, partout dans le monde.
Afin de savoir où est enterré un soldat, il faut consulter leur site : http://www.volksbund.de et aller dans la rubrique : « Gräbersuche ». Lorsque l'on indique le nom de famille, le site vous donne l'emplacement de la tombe ainsi que le cimetière où elle se trouve.

Malheureusement, beaucoup d'archives ont été détruites durant la Seconde Guerre mondiale et de nombreux soldats ne seront jamais retrouvés, soit encore enterrés, soit relevés mais démunis de plaque d'identité et ré-enterrés dans des ossuaires, car leur identité n'a pu être déterminée.

✦ *Avant le départ pour le front, Anton Schmitt se fait photographier dans la ville de Coblence.*

Voici l'exemple précis d'un soldat : Anton Schmitt, né en 1891 dans le village de Hambuch au nord de Trèves. Fait prisonnier en septembre 1914, il passe deux ans en captivité au Maroc puis revient en France où il contracte la grippe espagnole et meurt le 18 novembre 1918.

Le cliché (page de droite) montre sa tombe provisoire. La recherche sur le site du Volksbund nous apprend qu'Anton Schmitt repose au cimetière de Cernay, en Alsace, block 1, tombe n° 267.

Afin d'approfondir la recherche, il est encore possible de s'adresser au Wast, à Berlin (Deutsche Dienststelle WAST Eichborndamm 179 D-13403 Berlin).

Malgré les destructions engendrées par la Seconde Guerre mondiale, de nombreux dossiers militaires sont préservés. Cependant, leur divulgation n'est autorisée que pour les membres de la famille.
Néanmoins, si, au cours de vos recherches, vous trouvez des plaques d'identité, ayez le réflexe de contacter le Volksbund, car le corps n'est peut-être pas éloigné et vous permettrez ainsi aux familles de faire le deuil du disparu.

✦ *En captivité (voir le PG inscrit sur sa veste et son pantalon), il peut envoyer cette carte et donner des nouvelles à sa famille.*